PROJETOS ESCOLARES de Bolso

O Novo Ensino Médio norteado pela BNCC e pelos Projetos Integradores

Lucas Paris e Claudio Paris

1ª Edição | 2020

© Arco 43 Editora LTDA. 2020
Todos os direitos reservados
Texto © Lucas Paris e Claudio Paris

Presidente: Aurea Regina Costa
Diretor Geral: Vicente Tortamano Avanso
Diretor Administrativo Financeiro: Mário Mafra
Diretor Comercial: Bernardo Musumeci
Diretor Editorial: Felipe Poletti
**Gerente de Marketing
e Inteligência de Mercado:** Helena Poças Leitão
**Gerente de PCP
e Logística:** Nemezio Genova Filho
Supervisor de CPE: Roseli Said
Coordenador de Marketing: Léo Harrison
Analista de Marketing: Rodrigo Grola

Realização

Direção Editorial: Helena Poças Leitão
Texto: Maria Cristina Furtado
Revisão: Rhamyra Toledo
Direção de Arte: Rodrigo Grola
Projeto Gráfico e Diagramação: Rodrigo Grola
Coordenação Editorial: Léo Harrison

```
Dados Internacionais de Catalogação na Publicação (CIP)
       (Câmara Brasileira do Livro, SP, Brasil)

   Paris, Lucas
      Projetos escolares de bolso : o novo ensino médio
   norteado pela BNCC e pelos projetos integradores /
   Lucas Paris e Claudio Paris. -- 1. ed. -- São Paulo :
   Arco 43 Editora, 2020.

      ISBN 978-65-86987-24-9

      1. BNCC - Base Nacional Comum Curricular
   2. Educação 3. Ensino médio - Programas de atividades
   4. Projeto de vida - Protagonismo juvenil e
   perspectivas I. Paris, Claudio. II. Título.

20-40466                                      CDD-373.19
```

Índices para catálogo sistemático:

1. Projetos escolares : BNCC : Projetos integrados :
     Ensino médio : Educação   373.19

Cibele Maria Dias - Bibliotecária - CRB-8/9427

1ª edição / 1ª impressão, 2020
Impressão: Edições Loyola

Rua Conselheiro Nébias, 887 – Sobreloja
São Paulo, SP – CEP: 01203-001
Fone: +55 11 3226 -0211
www.editoradobrasil.com.br

PROJETOS ESCOLARES de Bolso

O Novo Ensino Médio norteado pela BNCC e pelos Projetos Integradores

Lucas Paris e Claudio Paris

Lucas Paris e Claudio Paris

Lucas Paris: Graduado e bacharel em História pela Universidade Estadual de Campinas. Especialista em Sociologia pela Universidade Federal de São João del-Rei. Professor, autor de coleções didáticas e consultor pedagógico.

Claudio Paris: Licenciado em Ciências e Biologia, especialista em Educação. É autor, mantenedor escolar, gestor social e professor.

Sumário

1 Introdução 11

2 BNCC: sua implementação e suas circunstâncias 15

3 A BNCC e os Itinerários Formativos 23

4 Projetos de Vida 29

5 Mediação e Intervenção Sociocultural: atuação responsável na resolução de demandas coletivas 33

    5.1 Apresentação 33

    5.2 Justificativa 35

    5.3 Objetivos 36

    5.4 Foco pedagógico 39

6 Empreendedorismo: resiliência, protagonismo e motivação na execução de projetos 43

    6.1 Apresentação 43

    6.2 Justificativa 45

    6.3 Objetivos 45

    6.4 Foco pedagógico 47

7 Processos Criativos: inventar, criar e atuar em um contexto de inovações **51**

    7.1   Apresentação 51
    7.2   Justificativa 53
    7.3   Objetivos 55
    7.4   Foco pedagógico 57

8 Investigação Científica: sensibilidade para olhar, ouvir e escrever **61**

    8.1   Apresentação 61
    8.2   Justificativa 62
    8.3   Objetivos 64
    8.4   Foco pedagógico 65

9 Projetos Integradores: ação colaborativa e protagonismo **67**

10 Persigam seus Sonhos: exemplos de projetos inspiradores **71**

Leituras Recomendadas **85**

1 Introdução

Caros leitores,

A atual reforma do Ensino Médio, expressa na Lei 13.415 e pela nova BNCC (Base Nacional Comum Curricular), nos convida a promover algumas reflexões, somadas a outras já produzidas sobre o tema, a fim de apresentar algumas contribuições para o debate sobre o Ensino Médio no Brasil.

Quando se trata de reflexões educacionais sobre o Ensino Médio, é consensual a percepção de que os persistentes problemas do acesso e da permanência dos alunos nessa etapa da aprendizagem, a qualidade da educação oferecida, ou, ainda, a formatação curricular dessa etapa do Ensino Básico necessita de aprofundamento de estudos e propostas que possam contemplar a pluralidade das juventudes brasileiras. O livro procura colaborar para a reflexão desses e de outros tópicos caros ao universo educacional de nosso país.

No Capítulo 1, apresentamos o currículo do Ensino Médio norteado pela BNCC. Tal documento define as competências, as habilidades e os conhecimentos essenciais que deverão ser oferecidos a todos os estudantes na parte comum, abrangendo quatro áreas do conhecimento – Linguagens, Matemática, Ciências da Natureza, Ciências Humanas e Sociais Aplicadas –, além de uma quinta área, que diz respeito à Formação Técnica e Profissional.

A BNCC e os Itinerários Formativos são a temática do Capítulo 2. Eles caracterizam-se por ser um conjunto de situações e atividades educativas que podem ser escolhidas de acordo com as preferências dos estudantes para aprofundar e ampliar aprendizagens em uma ou mais Áreas de Conhecimento e/ou na Formação Técnica e Profissional. Neste capítulo, refletiremos como os documentos legais propõem flexibilizações a fim de manter os jovens interessados pela escola. Esse é, a nosso ver, um dos grandes desafios, já que o currículo desta etapa deverá ser composto por até 60% de conteúdos previstos pela Base Nacional Comum Curricular (BNCC) e 40% por Itinerários Formativos. Vale frisar que as escolas, que não são obrigadas a ofertar itinerários em todas as áreas, devem oferecer ao menos duas opções para escolha dos estudantes.

No Capítulo 3, abordaremos o projeto de vida, preconizado na BNCC, que deve ser o principal pilar curricular sobre o qual a escola organiza seus expedientes de ensino e aprendizagem. Tal propositura pretende alcançar e fortalecer o protagonismo juvenil. Defendemos que os projetos de vida são possibilidades indissociáveis da capacidade dos jovens estudantes conceberem, organizarem, desejarem e até sonharem seus passos futuros e de arquitetarem seus anseios e desejos, concretizando-os em relação ao que está por vir. Além disso, os jovens podem encontrar em seus professores e na escola um apoio para construir e descortinar suas histórias e narrativas pessoais.

Nos quatro capítulos subsequentes — 4, 5, 6 e 7 —, apresentamos reflexões sobre cada um dos eixos estruturantes. Os eixos estruturantes objetivam integrar e integralizar os diferentes arranjos de Itinerários Formativos. São eles: I. mediação e intervenção sociocultural; II. empreendedorismo;

III. processos criativos; e IV. investigação científica. Nesses capítulos, procuramos justificar a importância de cada um desses eixos estruturantes, bem como apresentar seus objetivos e a abordagem pedagógica necessária para que eles se concretizem no fazer da sala de aula, a fim de envolver os estudantes em situações de aprendizagem que possibilitem a produção de conhecimentos e a criação de projetos capazes de intervir em suas realidades.

Por sua vez, os Projetos Integradores são vislumbrados no Capítulo 8. Sua implementação baseia-se em uma ação interdisciplinar com um foco centrado em um problema real comum a todas as áreas. Pode-se, então, por meio de indagações, aplicar um vasto elenco de conhecimentos de diferentes campos em um trabalho coletivo construído pelos alunos e professores. Essa proposta também pode envolver a realização de projetos e a adoção de temas transversais que respondam a tais problemas.

Por fim, no último capítulo ("Persigam seus sonhos: exemplos de projetos inspiradores"), há um elenco de projetos que foram capazes de traduzir diferentes aspirações, anseios e demandas de estudantes, instituições de ensino e entes federativos, como prefeituras, governos estaduais e governo federal. De certa maneira, tais empreendimentos concretizaram variados sonhos e expectativas, convertendo seus participantes em cidadãos mais preparados para enfrentar os desafios da contemporaneidade. Eles também almejam inspirar novas iniciativas capazes de atender a outras necessidades e demandas que surgiram ou estão por surgir entre seus leitores.

Devemos ressaltar, à guisa das conclusões dessa apresentação, que este livro de bolso não se aprofunda sobre as necessidades, dificuldades e problemáticas enfrentadas durante a implementação dos novos preceitos legais na etapa do Ensino Médio. Na realidade, procuramos apenas levantar alguns pontos para que gestores e educadores possam aprofundar suas reflexões com base em suas realidades concretas.

Esperamos que esta publicação, ao lado de outras iniciativas louváveis, possa contribuir para enriquecer o debate sobre o Ensino Médio e fortalecer a voz dos professores em cada uma das escolas brasileiras, a fim de alcançarmos a educação escolar que almejamos.

2 BNCC: sua implementação e suas circunstâncias

"Eu sou eu e minha circunstância."
José Ortega Y Gasset[1]

O título deste capítulo busca propiciar uma reflexão quando utiliza, em sua composição, as palavras "implementação" e "circunstâncias", palavras referenciais que nos ajudarão a compreender o contexto sob a luz da da Base Nacional Comum Curricular (BNCC) e da etapa do Ensino médio.

A palavra "implementação" tem o sentido de cultivar, adotar ou iniciar alguma coisa. Essa tarefa já está realizada, uma vez que a BNCC, documento de caráter normativo que define o conjunto orgânico e progressivo de aprendizagens essenciais para todas as etapas e modalidades da Educação Básica, foi oficialmente homologada, ou seja, implementada com o respaldo da lei.

Contudo, é preciso atentar que o texto oficial também estabelece um prazo para sua efetiva implementação. Isso acontece porque, apesar de promulgado, o texto legal necessita ser implementado, o que

---

[1] Ortega y Gasset, José. **O homem e a gente** (Lisboa J. C., trad.). Rio de Janeiro, RJ: Livro Ibero-Americano, 1960. (Trabalho original publicado em 1957)

denota materializar as normas legais e executar as intencionalidades e normativas da lei nas práticas cotidianas dos currículos escolares. Para tal implementação, é preciso estar abastecido de reflexões, planejamentos e condições para colocar em execução, em cada escola, aquilo que está estabelecido na BNCC.

"Circunstância", a outra palavra-chave do título do capítulo, reveste-se de diversos significados: contexto, entorno, particularidades, características, contingências, cenário e âmbito. A escolha da palavra deve-se à intencionalidade de apontar como implementar a lei, considerando-se o contexto das escolas brasileiras, por meio de uma leitura ampla das diversas especificidades do momento, particularmente na etapa do Ensino Médio. O princípio da contextualização coloca o desafio de planejar e organizar o currículo da escola, na qual as práticas pedagógicas, de maneira intencional e significativa, dialoguem com a realidade concreta, o tempo e o espaço vivido.

A BNCC da Educação Infantil e do Ensino Fundamental e Médio de nosso país foi homologada no final de 2018.[2] Esse documento técnico e normativo orienta a elaboração dos currículos, as propostas pedagógicas, os materiais didáticos, as avaliações e as políticas para formação de professores de todas as escolas de nível básico do Brasil.

---

[2] BRASIL. **Base Nacional Comum Curricular (BNCC)**. Ensino Médio. Brasília, MEC/CONSED/UNDIME, 2018. Disponível em: <http://portal.mec.gov.br/conselho-nacional-de-educacao/base-nacional-comum-curricular-bncc-etapa-ensino-medio> Acesso em: 12 fev. 2020.

A referida lei estabelece que todo estudante da Educação Básica brasileira tem o direito de aprender um conjunto orgânico e progressivo de aprendizagens essenciais a serem desenvolvidas ao longo de distintas etapas e modalidades, além de determinar quais conhecimentos devem ser contemplados e a que tempo. Sua implementação e posterior reorganização curricular buscam universalizar o acesso à escola, garantir a permanência e as aprendizagens dos estudantes, atendendo a seus projetos de vida, demandas e aspirações – tanto as de sua situação atual como aquelas relacionadas a seu futuro pessoal e profissional.

Vale ressaltar que a BNCC não é um currículo, e sim um norteador capaz de indicar quais conhecimentos, saberes e experiências são indispensáveis à Educação Básica. Trata-se de uma lei que não aponta metodologias, práticas de ensino ou instrumentos de avaliação; em outras palavras, ela não determina "como", mas "o quê" ensinar.

É determinado que cada uma das distintas unidades de ensino ou redes educativas deverá criar e propor seus currículos de acordo com o seu Projeto Político-Pedagógico (PPP), em que poderão preconizar as diversidades locais e regionais em sintonia com os propósitos educacionais e fundamentos filosóficos da BNCC, traduzidos em dez Competências Gerais. As Competências Gerais são comuns a todos os níveis da Educação Básica, sendo desenvolvidas ao longo de todas as etapas da escolaridade – a Educação Infantil, as séries iniciais e as finais do Ensino Fundamental e, por fim, o Ensino Médio.

Em cada uma dessas etapas há especificidades, com um elenco particular de conhecimentos. Há desde aqueles ligados aos campos de experiência na Educação infantil até as Competências Específicas por Área de Conhecimento nos Ensinos Fundamental e Médio. Nas diversas competências de cada uma das áreas, há Habilidades específicas que serão desenvolvidas por meio dos componentes curriculares.

Na BNCC, a competência é definida como "a mobilização de conhecimentos (conceitos e procedimentos), habilidades (práticas, cognitivas e socioemocionais), atitudes e valores para resolver demandas complexas da vida cotidiana, do pleno exercício da cidadania e do mundo do trabalho" (BNCC, 2018, p. 13).[3]

Essas competências objetivam contribuir para a formação humana integral e, por isso, não se organizam como um componente curricular; elas devem ser desenvolvidas de modo transdisciplinar, isto é, por meio de todos os componentes curriculares. As aprendizagens, então, são apresentadas sob a forma de competências e habilidades integrando saberes, conhecimentos, atitudes e valores, em uma perspectiva da educação integral por intermédio de promoção do desenvolvimento absoluto dos estudantes em todas as suas dimensões: intelectual, física, emocional, social e cultural.

---

3   BRASIL. **Base Nacional Comum Curricular (BNCC)**. Ensino Médio. Brasília, MEC/CONSED/UNDIME, 2018. Disponível em: <http://portal.mec.gov.br/conselho-nacional-de-educacao/base-nacional-comum-curricular-bncc-etapa-ensino-medio> Acesso em: 12 fev. 2020.

A BNCC estabelece o compromisso educativo para desenvolver os estudantes em toda a sua integralidade, rompendo com visões pedagógicas reducionistas que priorizam o caráter intelectual e cognitivo nas situações de aprendizagem.

O propósito de tal documento, em consonância com a educação integral, é a aplicação dos conhecimentos na vida real – um modo de conferir significação e sentido às atividades escolares, garantindo o protagonismo dos alunos, acolhendo-os como sujeitos de aprendizagem, reconhecendo suas singularidades e diversidades. Outrossim, o texto legal ainda destaca "a escola, como espaço de aprendizagem e de democracia inclusiva, que deve se fortalecer na prática coercitiva de não discriminação, não preconceito e respeito às diferenças e diversidades" (BNCC, 2018, p.14).[3]

Uma inovação acrescida da BNCC na etapa do Ensino Médio é o foco no desenvolvimento de competências e habilidades em currículos organizados em articulação interdisciplinar aos fazeres educativos, uma vez que essa perspectiva potencializa as aprendizagens na medida em que possibilita a construção de conexões entre os saberes.

Os currículos devem abranger as quatro áreas do conhecimento:

1. Linguagens e suas Tecnologias (Língua Portuguesa, Arte, Educação Física e Língua Inglesa);

2. Matemática e suas Tecnologias;

3. Ciências da Natureza e suas Tecnologias (Biologia, Física e Química);

4. Ciências Humanas e Sociais Aplicadas (História, Geografia, Sociologia e Filosofia).

A área de Linguagens e suas Tecnologias tem foco na ampliação da autonomia, do protagonismo e da autoria nas práticas de diferentes linguagens; na identificação e na crítica aos diferentes usos das linguagens; na apreciação e na participação em diversas manifestações artísticas e culturais; e no uso criativo das diversas mídias.

No campo da Matemática e suas Tecnologias, o objetivo do documento é levar os alunos a consolidar os conhecimentos desenvolvidos anteriormente e construir novos saberes, ampliando os recursos para resolução de problemas complexos da realidade.

O âmbito das Ciências da Natureza e suas Tecnologias oportuniza o aprofundamento e a ampliação dos conhecimentos já aprendidos e preconiza a investigação como meio de engajamento dos estudantes na aprendizagem de processos, práticas e procedimentos científicos e tecnológicos. Mediante tais expedientes, os jovens são convidados a ampliar sua compreensão sobre a ciência e a vida.

A área de Ciências Humanas e Sociais Aplicadas define aprendizagens centradas no desenvolvimento das competências de identificação, análise, comparação e interpretação de ideias, pensamentos, fenômenos e processos históricos, geográficos, sociais, econômicos, políticos e culturais. A área propõe também o estímulo a uma leitura de mundo sustentada em uma visão crítica e contextualizada da realidade nas múltiplas dimensões da existência humana.

A BNCC do Ensino Médio possibilita, ainda, mais uma modalidade educacional: o ensino profissionalizante. A Formação Técnica e Profissional ganha uma nova dimensão ao propor que parte do currículo seja organizado em Itinerários Formativos, isto é, trajetórias de formação dos estudantes que atendem às suas aspirações e demandas pessoais e que os torna aptos a atuar no mundo do trabalho.

Os Itinerários Formativos são indissociáveis das quatro grandes áreas do conhecimento. Desse modo, eles garantem que ocorra maior flexibilização da organização curricular do Ensino Médio para que, por meio de suas escolhas, os estudantes possam optar e trilhar trajetórias associadas a seus projetos de vida.

A BNCC, na etapa do Ensino Médio, utiliza o termo "juventudes" em sua pluralidade e diversidade, ou seja, a lei contempla uma juventude heterogênea, diversa, dinâmica, ativa e participante. De acordo com esse documento, o contexto em que vivemos é complexo e dinâmico. Logo, as possibilidades do mundo do trabalho se apresentam como um desafio a ser compreendido e estarão em constante transformação. Para tentar superá-las faz-se necessário, então, caracterizar os jovens como "múltiplos", que trazem a diversidade como identidade constitutiva de um grupo.

> Considerar que há muitas juventudes implica organizar uma escola que acolha as diversidades, promovendo, de modo intencional e permanente, o respeito à pessoa humana e aos seus direitos. E mais, que garanta aos estudantes ser protagonistas de seu próprio processo de escolarização, reconhecendo-os como interlocutores legítimos sobre

> currículo, ensino e aprendizagem. Significa, nesse sentido, assegurar-lhes uma formação que, em sintonia com seus percursos e histórias, permita-lhes definir seu projeto de vida, tanto no que diz respeito ao estudo e ao trabalho como também no que concerne às escolhas de estilos de vida saudáveis, sustentáveis e éticos (BNCC, 2018, p. 463).[4]

Para finalizar, podemos afirmar que a BNCC pretende desenvolver nos estudantes um conjunto de saberes para agir frente às incertezas que se apresentam nas mais distintas circunstâncias da vida social e produtiva, articulando conceitos teóricos a práticas indispensáveis à vida dos estudantes, sem abrir mão da capacidade de contextualizar fenômenos e manifestações políticas, científicas, culturais e sociais.

---

[4] BRASIL. **Base Nacional Comum Curricular (BNCC)**. Ensino Médio. Brasília, MEC/CONSED/UNDIME, 2018. Disponível em: <http://portal.mec.gov.br/conselho-nacional-de-educacao/base-nacional-comum-curricular-bncc-etapa-ensino-medio> Acesso em: 12 fev. 2020.

3 A BNCC e os Itinerários Formativos

"A educação deve favorecer a aptidão natural da mente em formular e resolver problemas essenciais e, de forma correlata, estimular o uso total da inteligência geral. Este uso total pede o livre exercício da curiosidade, a faculdade expandida e mais viva durante a infância e a adolescência".

Edgar Morin[5]

A BNCC determinou para as escolas brasileiras um referencial legal com as aprendizagens que devem ser ensinadas e aprendidas e definiu o conjunto orgânico e progressivo de aprendizagens essenciais que todos os alunos devem desenvolver ao longo das etapas e modalidades da Educação Básica (Educação Infantil, do Ensino Fundamental e do Ensino Médio).

Entretanto, além do elenco de competências, habilidades, objetos e componentes curriculares, a BNCC correspondente ao Ensino Médio inova no aspecto da flexibilidade curricular. O Ensino Médio, por isso, deve ser organizado por meio de um currículo que contemple duas perspectivas indissociáveis e complementares:

---

5   MORIN, Edgar. **A cabeça bem feita**. Rio de Janeiro: Bertrand Brasil, 2000.

1. A Formação Geral Básica (FGB), que se trata do conjunto de competências e habilidades das Áreas de Conhecimento – Linguagens e suas Tecnologias, Matemática e suas Tecnologias, Ciências da Natureza e suas Tecnologias, Ciências Humanas e Sociais Aplicadas – cujos objetivos fundamentais são levar os alunos a consolidar e aprofundar as aprendizagens essenciais do Ensino Fundamental, além de aprender a lidar com análise e resolução de problemas. De acordo com os documentos legais, a FGB deve obedecer a uma carga horária total máxima de 1.800 horas durante todo o Ensino Médio.

2. Os Itinerários Formativos, por sua vez, são entendidos como um conjunto de situações e atividades educativas pelas quais os alunos optam, dentro da proposta de flexibilidade, por estudar de acordo com suas aptidões e interesses, com o objetivo de aprofundar e ampliar a FGB. Da mesma maneira, os estudantes podem optar, ainda, por uma Formação Técnica e Profissional. Em ambos os casos, a carga horária total mínima deve ser de 1.200 horas em todo o Ensino Médio.

De acordo com os Referenciais Curriculares Para a Elaboração de Itinerários Formativos (RCPEIF), os itinerários formativos devem conter os seguintes objetivos:

1. Aprofundar e ampliar as aprendizagens relacionadas às competências gerais, as áreas dos conhecimentos e a formação técnica e profissional

2. Consolidar a formação integral dos estudantes desenvolvendo a autonomia necessária para que eles realizem seus projetos de vida

A BNCC e os Itinerários Formativos

3. Promover a incorporação de valores universais como ética, cidadania, democracia, sustentabilidade e pluralidade, solidariedade e justiça social

4. Desenvolver habilidades para ampliar nos estudantes uma visão de mundo ampla e heterogênea, tomar decisões e agir nas mais diversas situações na escola, trabalho ou na vida" (BRASIL, 2018, p. 6).[6]

Tais objetivos preconizam a formação integral do estudante, conceito este que fundamenta as diretrizes propostas pela BNCC para a Educação Básica brasileira. Tal formação não se apresenta fragmentada pela divisão social do trabalho, com campos de conhecimento separados, de um lado focados na formação para executar em oposição a pensar e planejar.

Na BNCC, não há a dicotomia de oferecer uma formação "humanista" exclusiva para jovens que almejam Ensino Superior e outra com o Itinerário Formativo profissionalizante para as classes populares, com o objetivo de formar mão de obra especializada que atenda às demandas do mundo do trabalho. No referido documento, essa dissociação é superada, com o objetivo de pautar a ressignificação de currículos capazes de promover no Ensino Médio uma formação completa aos alunos, conectados ao mundo plural e diverso em que estão inseridos, forjando sua cidadania e oportunizando um elenco variado de aprendizagens, indicando caminhos possíveis para trilhar tanto em sua formação acadêmica como em qualquer uma das inúmeras jornadas de sua futura atividade profissional.

---

6. BRASIL. **Referenciais Curriculares Para a Elaboração de Itinerários Formativos**. <http://novoensinomedio.mec.gov.br/resources/downloads/pdf/DCEIF.pdf>. Acesso em: 26 fev. 2020.

É indispensável, então, que as variadas redes e escolas construam arranjos curriculares que contemplem competências para aprofundamento das mais variadas aprendizagens essenciais associadas aos Itinerários Formativos. Estes, por sua vez, podem ser organizados em unidades curriculares.

Chamamos de unidades curriculares quaisquer elementos com carga horária predefinida formados por um conjunto de estratégias que apresentem um objetivo capaz de desenvolver competências específicas. Eles podem ser organizados de diferentes modos: por intermédio das áreas de conhecimento, projetos integradores ou, ainda, disciplinas, módulos, oficinas, entre outros tipos de oferta.

Tal arranjo curricular está focado em atender às demandas e aos diversos interesses dos estudantes, tornando-os protagonistas do processo de ensino e aprendizagem, estimulando-os a permanecer na escola e deixando os conhecimentos mais atrativos e conectados aos interesses dos jovens. Assim, a escola colabora decisivamente para enfrentar os desafios atuais desses jovens e atender às suas aspirações futuras.

Porém um risco se apresenta: nesse cenário, a flexibilização dos currículos não deve ser um motivo para precarização da formação do estudante. Os currículos devem seguir, com afinco, objetivos educacionais capazes de garantir aos estudantes a capacidade de se tornar cidadãos críticos, reflexivos, éticos e comprometidos, em oposição a uma formação reducionista e imediatista.

Também é valorizado o uso das tecnologias para alcançar os objetivos citados, sem abrir mão do respeito e da consciência socioambiental, alinhados à incorporação dos valores universais e promoção dos direitos humanos.

Os Itinerários Formativos favorecem nos alunos o exercício de seu posicionamento ético, do cuidado consigo e com os outros, da responsabilidade social. Também são oportunidades de os alunos construírem, sob mediação do professor, seus projetos de vida, por meio de sua autonomia, autogestão e cooperação.

Para finalizar, lembramos que os Itinerários Formativos devem conter obrigatoriamente, segundo os RCPEIF, um ou mais dos seguintes eixos estruturantes: Investigação Científica; Processos Criativos; Mediação e Intervenção Sociocultural; e Empreendedorismo. Por sua vez, tais tópicos devem estar associados a práticas contextualizadas, com propósitos didáticos e comunicativos. Eles serão abordados mais profundamente nos próximos capítulos.

4   Projetos de Vida

"Porque se chamavam homens
Também se chamavam sonhos
E sonhos não envelhecem."
Milton Nascimento[7]

O "projeto de vida" preconizado na BNCC figura entre as dez Competências Gerais. Diz a Competência Geral número 6:

> Valorizar a diversidade de saberes e vivências culturais e apropriar-se de conhecimentos e experiências que lhe possibilitem entender as relações próprias do mundo do trabalho e fazer escolhas alinhadas ao exercício da cidadania e ao seu projeto de vida, com liberdade, autonomia, consciência crítica e responsabilidade (BRASIL, 2018, p. 9).[8]

Assim, os alunos precisam aprender a reger seus desejos e objetivos na vida, com planejamento, esforço, autoconfiança e resiliência.

---

[7]   NASCIMENTO, Milton. **Clube da Esquina**. São Paulo: EMI: 1972.

[8]   BRASIL. **Base Nacional Comum Curricular (BNCC)**. Ensino Médio. Brasília, MEC/CONSED/UNDIME, 2018. Disponível em: <http://portal.mec.gov.br/conselho-nacional-de-educacao/base-nacional-comum-curricular-bncc-etapa-ensino-medio> Acesso em: 12 fev. 2020.

Os jovens do Ensino Médio, vivenciando a fase da adolescência, procuram criar sua identidade, distanciando-se dos modelos e valores de sua infância e ensaiando assumir o comando de sua própria existência.

Nessa direção, a escola pode apresentar inúmeras atividades e projetos capazes de "abraçar" estudantes a fim de que eles possam realizar escolhas conscientes e disponíveis, dentro de sua realidade concreta, para trilhar uma jornada de desenvolvimento pessoal.

Os projetos de vida são possibilidades indissociáveis da capacidade dos seres humanos conceberem, organizarem, desejarem e até sonharem seus passos futuros e de arquitetarem seus anseios e desejos, concretizando-os em relação ao que está por vir. Os estudantes encontram em seus professores e na escola um apoio para construir e descortinar suas histórias e narrativas pessoais.

Cabe aos professores organizarem com seus alunos situações capazes de favorecer diferentes visões de mundo, valorizando o conhecimento e conectando-o ao mundo do trabalho, a partir dos quais os jovens possam decidir e construir seus projetos de vida livremente, unidos e integrados aos Itinerários Formativos. A escola deve ser o apoio para o desenvolvimento e planejamento do futuro do aluno, fornecendo as informações básicas para que ele seja um cidadão ético.

As principais situações de aprendizagem que podem ser usadas para o desenvolvimento do projeto de vida devem objetivar autoconhecimento, colaboração, criatividade, liderança, gestão do tempo, estabelecimento de metas e avaliação de processos, entre outras;

o que é preciso ser desenvolvido é o protagonismo dos alunos. Isso favorecerá o autoconhecimento do aluno, além de desenvolver sua alteridade e solidariedade, condições indispensáveis para a construção de seus projetos de vida.

Nesse texto, procuramos oferecer uma reflexão de como os Itinerários Formativos da BNCC colaboram para a construção dos projetos de vida: "Na BNCC, o protagonismo e a autoria estimulados no Ensino Fundamental traduzem-se, no Ensino Médio, como suporte para a construção e via-bilização do projeto de vida dos estudantes, eixo central em torno do qual a escola pode organizar suas práticas" (BRASIL, 2018, p. 472).[9] Já segundo Moran (2014, p. 63),

> projetos de vida são orientações para que cada aluno se conheça melhor, descubra seus potenciais e os caminhos mais promissores para a sua realização em todas as dimen-sões, permitindo que eles olhem para o passado de cada aluno (histórias, narrativas), para o seu contexto atual e para as suas expectativas futuras.[10]

Um projeto de vida bem estruturado auxilia os alunos a formularem perguntas fundamentais e procurar as respostas possíveis. Com essa dinâmica instalada, eles podem ser capazes de fazer escolhas e avaliar

---

9   BRASIL. **Base Nacional Comum Curricular (BNCC)**. Ensino Médio. Brasília, MEC/CONSED/UNDIME, 2018. Disponível em: <http://portal.mec.gov.br/conselho-nacional-de-educacao/base-nacional-comum-curricular-bncc-etapa-ensino-medio> Acesso em: 12 fev. 2020.

10   MORAN, José Manuel. **A educação que desejamos: novos desafios e como chegar lá**. Campinas: Papirus, 2014.

cada passo da trajetória. Assim, os estudantes, por meio de seus projetos de vida, serão agentes de transformação de suas próprias histórias e de sua coletividade, promovendo a construção de uma sociedade justa e igualitária.

5 Mediação e Intervenção Sociocultural: atuação responsável na resolução de demandas coletivas

"Cada um é responsável por todos. Cada um é o único responsável. Cada um é o único responsável por todos."

Antoine de Saint-Exupéry[11]

5.1 Apresentação

Esse eixo estruturante incentiva os estudantes a desenvolver iniciativas que contribuam para o aprimoramento da vida em sociedade e para a preservação do meio ambiente. Para agir de maneira responsável frente a essas demandas, é necessário expandir sua capacidade de

---

11 SAINT-EXUPÉRY, Antoine de. **O pequeno príncipe.** Rio de Janeiro, Editora Agir, 2009. Aquarelas do autor. 48ª edição / 49ª reimpressão. Tradução por Dom Marcos Barbosa. 93 páginas.

aplicar saberes relacionados a uma ou mais áreas do conhecimento ou à formação técnica e profissional, bem como a assuntos de seu interesse particular (BRASIL, 2018a).[12]

As ações contempladas pela mediação e intervenção sociocultural baseiam-se no conceito de *cidadania ativa* (BENEVIDES, 1996).[13] Uma sociedade legitimamente democrática não está apenas ancorada nos anseios da maioria, mas instiga entre seus membros a capacidade de mobilizar-se, questionar decisões "prontas" e envolver-se de maneira plural na aplicação de projetos voltados à coletividade.

Vale frisar que o cultivo de uma postura autônoma e engajada é um dos elementos basilares do Novo Ensino Médio. Afinal, sua espinha dorsal é "o protagonismo juvenil, que estimula o jovem a fazer escolhas, tomar decisões e se responsabilizar por elas" (BRASIL, 2018b, p. 6).[14]

---

[12] BRASIL. Conselho Nacional de Educação (CNE). Resolução n. 3, de 21 de novembro de 2018. Atualiza as Diretrizes Curriculares Nacionais para o Ensino Médio tendo em vista as alterações introduzidas na Lei nº 9.394/1996 (LDB) pela Lei nº 13.415/2017. **Diário Oficial da República Federativa do Brasil**: Brasília, 22 de novembro de 2018a.

[13] BENEVIDES, Maria Victoria de Mesquita. Educação para a democracia. Lua Nova, São Paulo, n. 38, pp. 223-237, dez. 1996. Disponível em: <http://www.scielo.br/scielo.php?script=sci_arttext&pid=S0102-64451996000200011&lng=en&nrm=iso>. Acesso em: 28 fev. 2020.

[14] BRASIL. Ministério da Educação. Conselho Nacional dos Secretários Estaduais de Educação. Fórum Nacional dos Conselhos Estaduais de Educação. **Guia de implementação do Novo Ensino Médio**: Brasília, agosto de 2018b. Disponível em: <http://novoensinomedio.mec.gov.br/#!/guia>. Acesso em: 28 fev. 2020.

5.2 Justificativa

Amplamente difundida no Ocidente, a cidadania remete-se não apenas a um conjunto de deveres, mas também a liberdades e direitos associados a uma dada comunidade. Ao longo do tempo, a adoção negligente de tal conceito acabou forjando o que se pode chamar de cidadania passiva, ou seja, carente de uma mobilização profícua dos indivíduos e ausente de debates voltados à resolução de problemas coletivos (BENEVIDES, 1994).[15]

Essa condição apática, todavia, mostra-se insuficiente frente aos dias atuais. Vivemos em uma realidade permeada por questões socioculturais e ambientais complexas. Inseridos nesse contexto desafiador, os jovens não podem adotar um modelo conformista de cidadania. A fim de modificarem essa condição, " [...] os estudantes precisam se apropriar de conhecimentos e habilidades que os permitam atuar como agentes de mudanças e de construção de uma sociedade mais ética, justa, democrática, inclusiva, solidária e sustentável" (BRASIL, 2018c, p. 94).[16]

Por essa razão, a mediação e a intervenção sociocultural vislumbram a adoção de um modelo ativo de cidadania baseado no efetivo envolvimento dos indivíduos em temas de interesse público (BENEVIDES, 1996).[13] Portanto, a implementação desse eixo no Ensino Médio não se resume

---

[15] BENEVIDES, Maria Victoria de Mesquita. **Cidadania e democracia**. Lua Nova, São Paulo, n. 33, pp. 5-16, ago. 1994. Disponível em: <http://www.scielo.br/scielo.php?script=sci_arttext&pid=S0102-64451994000200002&lng=en&nrm=iso>. Acesso em: 28 fev. 2020.

[16] BRASIL. Portaria nº 1.432, de 28 de dezembro de 2018. Estabelece os referenciais para elaboração dos itinerários formativos conforme preveem as Diretrizes Nacionais do Ensino Médio. **Diário Oficial da República Federativa do Brasil**: Brasília, 28 de dezembro de 2018c.

a uma compreensão desinteressada de uma dada conjuntura, mas também envolve um convite para intervir em problemas ou questões que afetam o seu funcionamento.

5.3 Objetivos

A mediação e a intervenção sociocultural procuram concretizar três objetivos essenciais. O primeiro deles envolve a análise de questões ou problemas que comprometem uma determinada realidade.

Tal conjuntura, nesse caso, pode ser vislumbrada como o conjunto dinâmico e complexo de relações entre os indivíduos e o contexto socioambiental em que estão inseridos (LOPES; PONTUSCHKA, 2009).[17] De certo modo, não existem lugares "exclusivos" para promover essa análise. O importante é estimular a curiosidade dos estudantes para observar, de maneira cuidadosa, um dado contexto.

O problema a ser levantado pode abarcar diferentes níveis da realidade dos alunos: o *local* (sala de aula, escola, bairro etc.), o *regional* (área urbana, área rural, reservas estaduais), o *nacional* (bacias hidrográficas, áreas metropolitanas, reservas e patrimônios nacionais etc.) e até o *global* (processos climáticos, grandes migrações, epidemias, bens de relevância mundial etc.).

---

[17] LOPES, Claudivan Sanches; PONTUSCHKA, Nídia Nacib. **Estudo do Meio: teoria e prática. Geografia**, Londrina, v. 18, n. 2, pp. 173-191, 2009. Disponível em: <http://www.uel.br/revistas/uel/index.php/geografia/article/view/2360>. Acesso em: 28 fev. 2020.

Por sua vez, o segundo objetivo da mediação e intervenção sociocultural remete-se ao aprimoramento de habilidades caras à *convivência* e à atuação responsável em uma coletividade. Já na Antiguidade, o filósofo Aristóteles afirmava que *"o ser humano é um animal social"*, pois estaria em sua essência viver em comunidade. Assim, a vida em sociedade demanda a compreensão de que "[...] uma das maiores exigências sociais na atualidade [...]" é a vivência irrestrita de valores não hedonistas, voltados para o bem-estar da coletividade e que têm o ser humano como a maior e incalculável riqueza de uma sociedade" (COSTA, 2004, p. 20).[18]

Por fim, o objetivo mais importante desse eixo estruturante é a implementação de um conjunto de competências para mediar conflitos, promover entendimentos e propor soluções para as questões ou os problemas identificados pelos alunos (BRASIL, 2018c).[19]

Tais competências não envolvem apenas a aquisição de conhecimentos teóricos, mas também abarcam a adoção de atitudes e valores voltados à valorização da "vida cotidiana, do pleno exercício da cidadania e

---

18 COSTA, Wellington Soares. Humanização, relacionamento interpessoal e ética. **Caderno de Pesquisas em Administração**, São Paulo, v. 11, nº 1, janeiro/março 2004, pp. 17-21.

19 BRASIL. Portaria nº 1.432, de 28 de dezembro de 2018. Estabelece os referenciais para elaboração dos itinerários formativos conforme preveem as Diretrizes Nacionais do Ensino Médio. **Diário Oficial da República Federativa do Brasil**: Brasília, 28 de dezembro de 2018c.

do mundo do trabalho" (BRASIL, 2018a, p. 2).[20] Assim, a mediação e intervenção em um problema envolve fundamentalmente uma postura de *empatia* em relação à vida humana ou natural por ele afetada.

A empatia não pode ser confundida com simpatia. Ainda que bem intencionada, essa prática pressupõe um sentimento pessoal de apreço e pode resultar em uma ação seletiva e até discriminatória (COSTA, 2004).[21]

Em seu lugar, sugere-se a adoção da empatia, postura associada à compreensão dos sentimentos do "outro" e de sua maneira de agir, ainda que não exista necessariamente um envolvimento pessoal. Em outras palavras, a atitude empática independe da simpatia, uma vez que para exercê-la não é necessário gostar ou simpatizar com alguém, e sim ter sensibilidade para compreender o que o "outro" sente e qual é a razão desse sentimento.

---

20 BRASIL. Conselho Nacional de Educação (CNE). Resolução n. 3, de 21 de novembro de 2018. Atualiza as Diretrizes Curriculares Nacionais para o Ensino Médio tendo em vista as alterações introduzidas na Lei nº 9.394/1996 (LDB) pela Lei nº 13.415/2017. **Diário Oficial da República Federativa do Brasil**: Brasília, 22 de novembro de 2018a.

21 COSTA, Wellington Soares. Humanização, relacionamento interpessoal e ética. **Caderno de Pesquisas em Administração**, São Paulo, v. 11, nº 1, janeiro/março 2004, pp. 17-21.

5.4 Foco pedagógico

As atividades pedagógicas baseadas nesse eixo estruturante convidam os alunos a promover transformações positivas na vida em sociedade ou no meio ambiente. Esse processo de engajamento pode ser dividido em etapas distintas.

A primeira delas envolve o diagnóstico da realidade sobre a qual se pretende atuar. Tal tarefa pode ser executada por meio da coleta de dados oficiais ou da escuta dos membros de uma comunidade (BRASIL, 2018c).[22] Como frisado anteriormente,

> Os espaços ou lugares a serem estudados [...] são variados e podem estar situados nas adjacências da unidade escolar, tais como: o quarteirão, o bairro, um vale, passando pelo município, tais como um distrito industrial, um prédio público e seus arredores, uma área de mata nativa, até lugares mais distantes como uma cidade histórica, um parque ecológico, uma barragem de hidrelétrica etc. (LOPES; PONTUSCHKA, 2009, p. 180).[23]

---

22 BRASIL. Portaria nº 1.432, de 28 de dezembro de 2018. Estabelece os referenciais para elaboração dos itinerários formativos conforme preveem as Diretrizes Nacionais do Ensino Médio. **Diário Oficial da República Federativa do Brasil**: Brasília, 28 de dezembro de 2018c.

23 LOPES, Claudivan Sanches; PONTUSCHKA, Nídia Nacib. **Estudo do Meio: teoria e prática**. Geografia, Londrina, v. 18, n. 2, pp. 173-191, 2009. Disponível em: <http://www.uel.br/revistas/uel/index.php/geografia/article/view/2360>. Acesso em: 28 fev. 2020.

A etapa subsequente é voltada à ampliação do conhecimento sobre a questão ou o problema a ser enfrentado. Para tanto, os estudantes podem participar de *unidades curriculares* planejadas para esse fim. No Novo Ensino Médio, "as redes e escolas podem escolher criar unidades que melhor respondam aos seus contextos e às suas condições, como projetos, oficinas, atividades e práticas contextualizadas [...]" (BRASIL, 2018b, p.14).[24]

Entre os tipos de unidades curriculares que podem atender a esse eixo estruturante, destacamos: os laboratórios, que envolvem a observação, experimentação e produção de saberes; os observatórios, constituídos por grupos de alunos que se propõem a acompanhar, investigar e fiscalizar um dado fenômeno ou problemática; e os núcleos de estudos, os quais são voltados à produção de estudos e pesquisas, organização de fóruns de debate e difusão de informações por meio de eventos (BRASIL, 2018b).[24]

Posteriormente, cabe aos alunos planejar um conjunto de iniciativas que responda às demandas de ordem social ou ambiental do contexto estudado. Os participantes devem definir a logística mais apropriada ao seu êxito, o que pressupõe a elaboração de ações exequíveis e adaptadas às características de tal realidade.

---

24   BRASIL. Ministério da Educação. Conselho Nacional dos Secretários Estaduais de Educação. Fórum Nacional dos Conselhos Estaduais de Educação. **Guia de implementação do Novo Ensino Médio: Brasília**, agosto de 2018b. Disponível em: <http://novoensinomedio. mec.gov.br/#!/guia>. Acesso em 28 fev. 2020.

A execução dessas iniciativas deve ser acompanhada pela resolução de possíveis obstáculos, como "a superação de situações de estranheza, resistência, conflitos interculturais, [...] com necessários ajustes de rota" (BRASIL, 2018c, p. 94).[25]

Ao final dessa vivência, espera-se que os estudantes compreendam que o processo educativo previsto por esse eixo não se resume à aprendizagem de informações descontextualizadas, mas também engloba o amadurecimento de uma consciência engajada com o mundo ao seu redor.

Ao analisarem com empatia e atenção um problema que aflige uma dada comunidade, os jovens dão um passo fundamental para a construção de sua cidadania ativa.

---

[25] BRASIL. Portaria nº 1.432, de 28 de dezembro de 2018. Estabelece os referenciais para elaboração dos itinerários formativos conforme preveem as Diretrizes Nacionais do Ensino Médio. **Diário Oficial da República Federativa do Brasil**: Brasília, 28 de dezembro de 2018c.

6 Empreendedorismo: resiliência, protagonismo e motivação na execução de projetos

"Tente mover o mundo. O primeiro passo será mover a si mesmo."

Platão[26]

6.1 Apresentação

Por meio desse eixo, os estudantes são estimulados a executar *objetivos pessoais* ou *produtivos* que contemplam suas expectativas de vida. Para tanto, devem aprimorar estratégias e habilidades associadas ao empreendedorismo, o qual "supõe a mobilização de conhecimentos de

---

26 PLATÃO. **A República**. 7ª. ed. Trad. Maria Helena da Rocha Pereira. Lisboa: Fundação Calouste Gulbenkian, 1993.

diferentes áreas para a formação de organizações com variadas missões voltadas ao desenvolvimento de produtos ou prestação de serviços inovadores [...]" (BRASIL, 2018a, p. 7).[27]

Ao contrário do que sugere o senso comum, empreender não significa galgar riquezas ou reconhecimento, e sim:

> considerar criticamente – com clareza, profundidade e abrangência [...] – os limites e possibilidades, definindo os princípios norteadores da ação, determinando o que queremos conseguir, estabelecendo caminhos e etapas para o trabalho, designando tarefas para cada um dos sujeitos envolvidos e avaliando continuamente o processo e os resultados (RIOS, 1992, p. 75, adaptado).[28]

Desse modo, empreender associa-se à ideia de "colocar a mão na massa", isto é, executar uma dada meta de maneira apropriada, de acordo com os recursos e prazos disponíveis.

---

27   BRASIL. Conselho Nacional de Educação (CNE). Resolução n. 3, de 21 de novembro de 2018. Atualiza as Diretrizes Curriculares Nacionais para o Ensino Médio tendo em vista as alterações introduzidas na Lei nº 9.394/1996 (LDB) pela Lei nº 13.415/2017. **Diário Oficial da República Federativa do Brasil**: Brasília, 22 de novembro de 2018a.

28   RIOS, Terezinha Azerêdo. **Significado e pressupostos do projeto pedagógico. Série Ideias**, n.15, São Paulo: FDE, 1992.

6.2 Justificativa

Há mais de 2.500 anos, o filósofo Heráclito de Éfeso asseverou que *"nada é mais constante do que a mudança"*. Esse antigo aforismo pode ser utilizado para simbolizar uma das características centrais de nossa conjuntura: vivemos em um período de incertezas, elevada volatilidade e transformações contínuas.

De maneira imprevisível, a contemporaneidade é sistematicamente desmontada, sem, contudo, que haja perspectiva de uma permanência em longo prazo. A vida na pós-modernidade é liquefeita, isto é, túmida de fluidez frente a um amplo conjunto de possibilidades de existência (BAUMAN, 2010).[29]

Para participar dessa conjuntura instável, os jovens precisam cultivar habilidades fundamentais ao universo do empreendedorismo. Entre elas, destacamos a execução satisfatória de projetos, a resiliência diante de situações diversas, o protagonismo e a motivação para realização de tarefas.

6.3 Objetivos

Esse eixo estruturante procura aprimorar técnicas e saberes necessários à execução bem-sucedida de um dado objetivo. Tanto no âmbito privado como na esfera social, iniciativas empreendedoras demandam a organização de *projetos*.

---

29 BAUMAN, Zygmunt. **44 cartas do mundo líquido moderno**. Rio de Janeiro: Jorge Zahar, 2010.

Seja para organizar um evento, ter sucesso em um processo seletivo ou desenvolver um produto, constantemente lidamos com a necessidade de projetar ações. Em um sentido mais amplo, projetar-se significa lançar-se adiante, passando a se relacionar com o futuro, de modo a construí-lo a partir do presente. Por essa razão, o empreendedorismo baseia-se em uma vívida "cultura de projetos" (BAFFI, 2002).[30]

Há, sem dúvida, muitas vantagens em se produzir um projeto. Por meio de um planejamento adequado, a chance de se enfrentar imprevistos diminui consideravelmente e, por extensão, aumenta, de maneira significativa, a probabilidade de se alcançar o que é almejado. O projeto pode ser considerado, desse modo, uma espécie de "roteiro", isto é, um caminho a ser trilhado para se conquistar um objetivo.

Além disso, não podemos esquecer que a formação do *protagonismo* é outra finalidade cara a esse eixo estruturante. Tal elemento, primordial na execução de qualquer tipo de empreendimento, "[...] estimula o jovem a fazer escolhas, tomar decisões e se responsabilizar por elas" (BRASIL, 2018b, p. 8).[31]

---

[30] BAFFI, Maria Adelia Teixeira. O planejamento em educação: revisando conceitos para mudar concepções e práticas. In: BELLO, José Luiz de Paiva. **Pedagogia em Foco**, Petrópolis, 2002.

[31] BRASIL. Ministério da Educação. Conselho Nacional dos Secretários Estaduais de Educação. Fórum Nacional dos Conselhos Estaduais de Educação. **Guia de implementação do Novo Ensino Médio**: Brasília, agosto de 2018b. Disponível em: <http://novoensinomedio.mec.gov.br/#!/guia>. Acesso em 28 fev. 2020.

O empreendedorismo também estimula o aprimoramento da *resiliência* ou flexibilidade, isto é, a capacidade de se adaptar a diferentes tipos de contextos, pessoas e circunstâncias.

Por fim, o cumprimento de metas também envolve a superação de desafios e, não raro, de frustrações. Por essa razão, a *motivação* é tida como outro elemento de grande importância para a execução de um dado objetivo. De maneira simplificada, a motivação é aqui definida como uma alavanca, um empurrão ou uma "injeção na veia", capaz de estimular as pessoas a agirem e se superarem.

6.4   Foco pedagógico

Por meio desse eixo, os alunos são convidados a elaborar empreendimentos articulados a suas expectativas de vida. Essa proposta envolve tanto o cumprimento de objetivos pessoais como o desenvolvimento de produtos ou serviços associados a uma dada demanda de sua realidade. Nesse tipo de vivência, a valorização do protagonismo:

> [...] não se resume à questão financeira, nem é mais significativa nessa dimensão, e sim [...] no que se refere à capacidade de tomar decisões compartilhadas e comprometidas e usar o talento e a competência coletivamente organizada e articulada para a resolução de problemas e desafios (LÜCK, 2000, p. 12, adaptado).[32]

---

[32]   LÜCK, Heloísa. Perspectivas da gestão escolar e implicações quanto à formação de seus gestores. **Em Aberto**, Brasília, v.17, n.72, p.1 – 33, fev./jun., 2000.

É importante esclarecer que o desenvolvimento desse projeto deve ser *exequível*. Sem um plano de ações que pode ser colocado em prática, todos os objetivos e as aspirações do projeto não poderão concretizar--se efetivamente. Nesse ponto, os estudantes devem aliar o que se deseja fazer à maneira que se almeja proceder e às condições necessárias para sua execução (BAFFI, 2002).[33] Nessa etapa, a implementação de ações-piloto para teste e aprimoramento do projeto é uma iniciativa bem-vinda (BRASIL, 2018c).[34]

Uma das principais medidas para a realização de práticas empreendedoras é planejar as atividades com antecedência. Assim, os estudantes devem pesquisar, refletir e tomar decisões apropriadas tendo em vista o cumprimento de seus objetivos.

A organização das ações também favorece outra medida favorável ao universo do empreendimento: o estabelecimento de prioridades. Uma solução pertinente a esse problema seria a delegação de funções a outros alunos associados a essa proposta. Essa prática evita a sobrecarga de afazeres nas mãos de alguns indivíduos e, sobretudo, impede excessiva centralização de comando. Vale frisar que a delegação é um princípio básico para a construção de iniciativas democráticas e pautadas em interesses coletivos.

---

33 BAFFI, Maria Adelia Teixeira. O planejamento em educação: revisando conceitos para mudar concepções e práticas. In: BELLO, José Luiz de Paiva. **Pedagogia em Foco**, Petrópolis, 2002.

34 BRASIL. Portaria nº 1.432, de 28 de dezembro de 2018. Estabelece os referenciais para elaboração dos itinerários formativos conforme preveem as Diretrizes Nacionais do Ensino Médio. **Diário Oficial da República Federativa do Brasil**: Brasília, 28 de dezembro de 2018c.

A execução das metas estipuladas deve mobilizar sua capacidade de motivar a si mesmo e aos demais envolvidos. Além disso, é necessário empregar sua resiliência também em circunstâncias não programadas ou na resolução de contratempos de natureza diversa (conflitos, alterações bruscas, atraso de atividades, frustração de expectativas etc.).

O cumprimento de todas as etapas do empreendimento pode ser sucedido pela apresentação dos resultados obtidos. A atividade pode ocorrer em uma feira, uma oficina ou um encontro associado ao empreendedorismo. Sendo viável, os demais membros da comunidade escolar podem participar de tal evento. Em um último momento, os alunos podem realizar uma reflexão apontando as ações que julgaram apropriadas e aquelas que não se mostraram exitosas ao longo dos projetos que executaram.

Por meio dessa vívida experiência, espera-se que os estudantes percebam que empreender não é um cargo, e sim uma iniciativa capaz de "desenvolver autonomia, foco e determinação para que consigam planejar e conquistar objetivos" (BRASIL, 2018c, p. 94).[34] Assim, podem encontrar condições para desenvolver o efetivo *protagonismo* frente aos projetos de sua vida.

7 Processos Criativos: inventar, criar e atuar em um contexto de inovações

"A criatividade é pensar coisas novas. A inovação é fazer coisas novas."

Theodore Levitt[35]

7.1 Apresentação

Esse eixo estruturante procura ampliar a capacidade dos alunos de idealizar e executar projetos criativos associados a distintas áreas do conhecimento, à formação técnica-profissional ou a um tema que desperte o seu interesse (BRASIL, 2018a).[36] Seu foco, contudo, está voltado a dois elementos de expressiva relevância na dinâmica das sociedades contemporâneas: a *criatividade* e a *inovação*.

---

35 LEVITT, Theodore. **Creativity is not enough**. Disponível em: <https://hbr.org/2002/08/creativity-is-not-enough>. Acesso em: 28 abr. 2020

36 BRASIL. Conselho Nacional de Educação (CNE). Resolução n. 3, de 21 de novembro de 2018. Atualiza as Diretrizes Curriculares Nacionais para o Ensino Médio tendo em vista as alterações introduzidas na Lei nº 9.394/1996 (LDB) pela Lei nº 13.415/2017. **Diário Oficial da República Federativa do Brasil**: Brasília, 22 de novembro de 2018a.

Ainda que tais palavras sejam corriqueiramente tratadas como sinônimos, é necessário estabelecer a diferença entre elas. "Se a criatividade é relacionada à geração de ideias, a inovação pode ser considerada a entrega. É como se a ideia fosse a iniciativa, e a inovação, o resultado" (DUFFY; RAMOS, 2014, p. 247).[37] Portanto, o primeiro vocábulo diz respeito à elaboração de sugestões ou soluções para uma dada situação. O segundo, por sua vez, indica a materialização de tais propostas em algo novo, como um produto, um protótipo, um espetáculo etc.

Em um sentido mais amplo, a geração e execução de ideias é a força motriz do que se pode chamar atualmente de *economia criativa*. Esse crescente setor das relações produtivas envolve atividades pautadas no capital intelectual e cultural para a projeção, fabricação e distribuição de bens e serviços. "A economia criativa mistura valores econômicos e valores culturais. Esta ampla e complexa herança cultural é o que diferencia a economia criativa de qualquer outro setor da economia" (NEWBIGIN, 2010, p. 13).[38]

---

[37] DUFFY, Vanessa Costa; RAMOS, Marcelo Silva. O desafio de transformar a criatividade em inovação: o caso do Rio criativo. **International Journal of Knowledge Engineering and Management**, Florianópolis, v. 3, n.5, pp. 242-258, mar. 2014/jun. 2014. Disponível em: <https://periodicos.ufsc.br/index.php/IJKEM/article/viewFile/63399/39321>. Acesso em: 07 mar. 2020.

[38] NEWBIGIN, John. A economia criativa: um guia introdutório. **Série Economia Criativa e Cultural.** Londres: British Council, 2010. Disponível em: <https://creativeconomy.britishcouncil.org/media/uploads/files/Intro_guide_-_Portuguese.pdf>. Acesso em: 07 mar. 2020.

7.2 Justificativa

Vivemos em uma conjuntura pautada por constantes mudanças. No mercado de trabalho e em outras esferas da vida social, somos instigados a desenvolver habilidades para lidar com a ascensão de novas tendências ou novos problemas. A adoção de velhos expedientes nesse cenário fluido constitui uma decisão inepta, pois aquilo que funciona hoje pode não funcionar amanhã (ALMEIDA *et al.*, 2010).[39]

Em tal contexto, é imprescindível o florescimento de novas ideias para atender a demandas que surgem a um ritmo vertiginoso. Afinal, "a concepção do criar, independentemente de onde surja, traz uma entonação de algo diferente para o espaço e o tempo determinados, podendo [...] se traduzir em diferentes valores" (SOUZA; PINHO, 2016, p. 1909, adaptado).[40]

Ainda que essa postura irrequieta e inovadora seja valorizada nos mais variados campos produtivos, é particularmente relevante em um âmbito que cresce a passos largos nas últimas décadas: a indústria criativa. Em linhas gerais, "os setores criativos são aqueles cujas atividades produtivas têm como processo principal um ato criativo gerador de um produto,

---

[39] ALMEIDA, Janaina Maria Oliveira et al. Criatividade no Ensino Médio segundo seus estudantes. **Paidéia**, set-dez. 2010, v. 20, n. 47, pp. 325-334. Disponível em: <http://www.scielo.br/pdf/paideia/v20n47/a05v20n47.pdf>. Acesso em: 07 mar. 2020.

[40] SOUZA, Kênia Paulino de Queiroz; PINHO, Maria José de. Criatividade e inovação na escola do século XXI: uma mudança de paradigmas. **Revista Ibero-Americana de Estudos em Educação**, v. 11, n. 4, pp. 1906-1923, 2016. Disponível em: <https://periodicos.fclar.unesp.br/iberoamericana/article/view/6636/6013>. Acesso em: 07 mar. 2020.

bem ou serviço, cuja dimensão simbólica é determinante do seu valor, resultando em produção de riqueza cultural, econômica e social" (DUFFY; RAMOS, 2014, p. 246).[41]

Essa pujante instância da economia estimula a geração de bens, proporciona a criação de empregos, produz receitas de exportação, promove a diversidade cultural e valoriza o desenvolvimento humano.

Como importante vetor de aceleração da economia, a indústria criativa favorece o crescimento de outras atividades, caso do turismo, da tecnologia e das telecomunicações. Sua participação no Produto Interno Bruto (PIB) brasileiro é cada vez maior, sendo superior à de setores tradicionais, a exemplo das indústrias farmacêutica e têxtil (DUFFY; RAMOS, 2014).[41]

Se a escola almeja formar indivíduos que tenham êxito pessoal e profissional nesse contexto, é imperioso que não negligencie a criatividade; parece ser primordial "incorporar a criatividade como um dos componentes fundamentais de seu currículo, pois diz respeito a algo que todos temos em diferentes medidas, podendo ser desenvolvida em vários níveis" (ALMEIDA *et al.*, 2010, p. 326).[42]

---

41 DUFFY, Vanessa Costa; RAMOS, Marcelo Silva. O desafio de transformar a criatividade em inovação: o caso do Rio criativo. **International Journal of Knowledge Engineering and Management**, Florianópolis, v. 3, n.5, pp. 242-258, mar. 2014/jun. 2014. Disponível em: <https://periodicos.ufsc.br/index.php/IJKEM/article/viewFile/63399/39321>. Acesso em 07 mar. 2020.

42 ALMEIDA, Janaina Maria Oliveira et al. **Criatividade no Ensino Médio segundo seus estudantes**. Paidéia, set-dez. 2010, v. 20, n. 47, pp. 325-334. Disponível em: <http://www.scielo.br/pdf/paideia/v20n47/a05v20n47.pdf>. Acesso em 07 mar. 2020.

Nesse cenário marcado por vivências inovadoras, portanto, cabe à escola formar estudantes dotados de recursos para pensarem e agirem de maneira criativa. Em vez de assimilarem passivamente os componentes curriculares, os alunos devem assumir o seu protagonismo a fim de propor sugestões, inovar hábitos e inventar produtos ou experiências.

7.3 Objetivos

A implementação dos processos criativos no ambiente escolar procura atender a diferentes objetivos. O primeiro – e essencial em relação aos demais – almeja expandir habilidades relacionadas ao pensar e fazer criativo (BRASIL, 2018c).[43]

Consonante às características do Novo Ensino Médio, essa perspectiva pedagógica "[...] parte da vida e para a vida, valorizando o criar livre e inovador, enquanto o ensino tradicional prioriza a reprodução do saber, um ensino transmissivo, em oposição às mudanças, às inovações educacionais" (SOUZA; PINHO, 2016, p. 1916).[44]

---

[43] BRASIL. Portaria nº 1.432, de 28 de dezembro de 2018. Estabelece os referenciais para elaboração dos itinerários formativos conforme preveem as Diretrizes Nacionais do Ensino Médio. **Diário Oficial da República Federativa do Brasil**: Brasília, 28 de dezembro de 2018c.

[44] SOUZA, Kênia Paulino de Queiroz; PINHO, Maria José de. Criatividade e inovação na escola do século XXI: uma mudança de paradigmas. **Revista Ibero-Americana de Estudos em Educação**, v. 11, n. 4, pp. 1906-1923, 2016. Disponível em: <https://periodicos.fclar.unesp.br/iberoamericana/article/view/6636/6013>. Acesso em 07 mar. 2020.

Além disso, os estudantes devem utilizar as competências associadas a este eixo na criação de produtos e serviços e na elaboração de soluções para problemas atuais. Essa proposta ganha uma importância maior em atividades associadas à indústria criativa. Vale lembrar que, neste ramo,

> [...] a criatividade tem um papel mais preponderante do que em outras áreas da economia. A inovação constante de produtos, processos e métodos é a regra e não a exceção. De fato, no mundo inteiro existe um interesse crescente para ver até que ponto este marco conceitual da inovação pode se aplicar a outros (NEWBIGIN, 2010, p. 18).[45]

A fim de cumprir essas expectativas, os processos criativos fomentam a aprendizagem de saberes caros à criação e à inovação, em especial, nas esferas *artístico-cultural* e *tecno-científica*. Enquanto a primeira vislumbra um conjunto de "expressões materiais, símbolos, representações e significados que correspondem a valores éticos, políticos e estéticos", a segunda é pautada pela "transformação da ciência em força produtiva ou mediação do conhecimento científico [...], marcada, desde sua origem, pelas relações sociais que a levaram a ser produzida" (BRASIL, 2018a, p. 3).[46]

---

[45] NEWBIGIN, John. A economia criativa: um guia introdutório. **Série Economia Criativa e Cultural**. Londres: British Council, 2010. Disponível em: <https://creativeconomy.britishcouncil.org/media/uploads/files/Intro_guide_-_Portuguese.pdf>. Acesso em: 07 mar. 2020.

[46] BRASIL. Conselho Nacional de Educação (CNE). Resolução n. 3, de 21 de novembro de 2018. Atualiza as Diretrizes Curriculares Nacionais para o Ensino Médio tendo em vista as alterações introduzidas na Lei nº 9.394/1996 (LDB) pela Lei nº 13.415/2017. **Diário Oficial da República Federativa do Brasil**: Brasília, 22 de novembro de 2018a.

7.4 Foco pedagógico

Por meio deste eixo estruturante, os alunos são mobilizados a inventar e executar projetos criativos por meio de expedientes variados: manifestações sensoriais, experiências artísticas, integração de diferentes linguagens, vivências midiáticas e científicas etc.

Para cada demanda, sugere-se a aplicação de uma modalidade específica de criatividade, a saber:

> [...] a criatividade artística, que envolve imaginação e uma capacidade de gerar ideias originais e novas formas de interpretar o mundo; a criatividade científica, que envolve curiosidade e uma vontade de fazer experiências e novas conexões para soluções de problemas; a criatividade econômica, um processo dinâmico que conduz para inovação em tecnologia, práticas de negócios, *marketing* etc., e está ligada à obtenção de vantagem competitiva na economia (Nações Unidas, 2010, p. 3, livre tradução).[47]

Na primeira etapa do projeto, os estudantes devem identificar e aprofundar seu conhecimento sobre uma dada temática ou problema. Como explicado, esse elemento pode associar-se a uma das áreas do conhecimento, à formação técnica-profissional ou a algo que desperte o interesse.

---

47 Organização das Nações Unidas (ONU). **Creative Economy Report 2010**, Creative Economy: a feasible development option. Disponível em: <https://unctad.org/pt/docs/ditctab20103_pt.pdf>. Acesso em: 07 mar. 2020.

Em seguida, tal assunto deve servir de orientação para a criação, apresentação e disseminação de um processo criativo, o qual pode envolver uma ação, um produto, um protótipo, uma solução ou outro tipo de dinâmica pautada na inovação e criatividade. Como exemplo, podemos citar "obras e espetáculos artísticos e culturais, campanhas e peças de comunicação, programas, aplicativos, jogos, robôs, circuitos, entre outros produtos analógicos e digitais" (BRASIL, 2018c, p. 94).[48]

Previstas no Novo Ensino Médio, algumas unidades curriculares podem ser úteis ao desenvolvimento de projetos pautados em processos criativos. Vale lembrar que unidades curriculares são situações de aprendizagem dotadas de carga horária pré-definida, cujo objetivo é desenvolver as competências associadas às estruturas curriculares do Novo Ensino Médio.

As *oficinas* podem ser úteis à elaboração coletiva de saberes, técnicas e tecnologias, que possibilitam a conexão entre referências teóricas e situações práticas. Ao participarem dessa unidade curricular, os jovens podem participar da "produção de objetos/equipamentos, simulações de 'tribunais', quadrinhos, audiovisual, legendagem, fanzine, escrita criativa, performance, produção e tratamento estatístico etc." (BRASIL, 2018b, p. 14).[49]

---

[48] BRASIL. Portaria nº 1.432, de 28 de dezembro de 2018. Estabelece os referenciais para elaboração dos itinerários formativos conforme preveem as Diretrizes Nacionais do Ensino Médio. **Diário Oficial da República Federativa do Brasil**: Brasília, 28 de dezembro de 2018c.

[49] BRASIL. Ministério da Educação. Conselho Nacional dos Secretários Estaduais de Educação. Fórum Nacional dos Conselhos Estaduais de Educação. **Guia de implementação do Novo Ensino Médio**: Brasília, agosto de 2018b. Disponível em: <http://novoensinomedio.mec.gov.br/#!/guia>. Acesso em 28 fev. 2020.

As *incubadoras*, por sua vez, são indicadas para a gestação de um dado produto, técnica ou tecnologia, a exemplo de endereços eletrônicos, projetos culturais, plataformas digitais e canais de comunicação (BRASIL, 2018b).[49]

Já os *núcleos de criação artística* são unidades curriculares baseadas na pesquisa das "corporalidades, espacialidades, musicalidades, textualidades literárias e teatralidades presentes nas vidas dos estudantes e nas manifestações culturais das suas comunidades" (BRASIL, 2018b, p. 14, adaptado).[49]

Assim, as unidades curriculares procuram articular a produção artística com apreciação, investigação e reflexões sobre diversos tipos de tradições socioculturais, como cinema, fotografia, intervenções urbanas, apresentações de *slam*, duelos de *hip hop* etc.

Como se pode constatar, a introdução de processos criativos no ambiente escolar é uma medida fundamental para a formação de indivíduos dinâmicos. Ao aprimorarem um grande leque de habilidades essenciais à criação e à inovação, os jovens podem assumir o protagonismo em uma conjuntura que se reinventa continuamente.

8 Investigação Científica: sensibilidade para olhar, ouvir e escrever

> *"Toda nossa ciência, comparada com a realidade, é primitiva e infantil... É, no entanto, a coisa mais preciosa que temos."*
> **Albert Einstein**[50]

8.1 Apresentação

O eixo estruturante voltado à *investigação científica* propõe o desenvolvimento da capacidade dos jovens de analisar a realidade de maneira embasada e questionadora. Toda a sua proposta de ação contempla a compreensão, valorização e aplicação da *ciência*, aqui entendida como o conjunto sistematizado de saberes produzidos de maneira coletiva que buscam o entendimento e a transformação da Natureza e sociedade (BRASIL, 2018a).[51]

---

[50] EINSTEIN, Albert. Disponível em: <https://dicocitations.lemonde.fr/pensamentos/toda-a-nossa-ciencia-comparada-com-a-realidade-e-primitiva-e-infantil-e-no-entanto-e-a-coisa-mais-preciosa-que-temos/> Acesso em: 07 mar. 2020.

[51] BRASIL. Conselho Nacional de Educação (CNE). Resolução n. 3, de 21 de novembro de 2018. Atualiza as Diretrizes Curriculares Nacionais para o Ensino Médio tendo em vista as alterações introduzidas na Lei nº 9.394/1996 (LDB) pela Lei nº 13.415/2017. **Diário Oficial da República Federativa do Brasil**: Brasília, 22 de novembro de 2018a.

Essa perspectiva de aprendizagem não contempla apenas a mera aquisição de conteúdos acadêmicos, mas, em sua essência, também envolve a construção de uma postura genuinamente inquiridora. Com sutileza, o astrônomo Carl Sagan endossa essa abordagem ao afirmar que *"a ciência é mais que um corpo de conhecimento, é uma maneira de pensar"*.

O ato de pesquisar a realidade de maneira científica aprimora um extenso conjunto de habilidades caras ao amadurecimento intelectual dos estudantes. Entre as capacidades associadas a esse fenômeno, destaca-se o aprimoramento de uma postura sensível para "olhar, ouvir e escrever" (OLIVEIRA, 1988).[52] Tal processo de imersão no universo científico também envolve o salutar questionamento do senso comum, ou seja, uma visão de mundo desprovida de senso crítico e que não seja baseada em "achismos". Caso não seja devidamente refutado, o senso comum pode promover a disseminação de perigosas inverdades e diferentes tipos de preconceitos.

8.2 Justificativa

Devido à difusão das novas tecnologias da informação e comunicação, atualmente temos acesso a uma imensa quantidade de informações – em especial no universo cibernético. Por meio de um singelo clique, entramos em contato com uma "avalanche" de dados sobre vasta variedade de temas. Em tempo real, podemos acompanhar o desdobramento de

---

52 OLIVEIRA, Roberto Cardoso de. **O trabalho do antropólogo**. Brasília: Paralelo 15; São Paulo: Editora da UNESP, 1998.

um dado evento de praticamente qualquer região do planeta. Por sua vez, uma palavra ou expressão digitada nos buscadores virtuais nos revela milhares de opções para "navegar" na rede mundial de computadores.

Esses são alguns traços marcantes da chamada *sociedade da informação*. Todavia, o acesso a essa ampla gama de dados não envolve necessariamente a construção de saberes significativos. "Estamos afogados em informação e sedentos pela sabedoria", divagou o biólogo Edward Osborne Wilson.[53]

Como separar o "joio do trigo" em uma gama de possibilidades quase infinita? Como pontua a cientista política Marta Zorzal e Silva:

> A informação em si é um dado bruto. [...] O ato de transformar a informação em conhecimento não é uma tarefa simples. Exige capacidade de processamento. Significa [...] saber o que pode ser feito com os "tijolos de saberes" que o sistema de ensino fornece. [...] Isto implica em capacidade de raciocínio, de questionamento e do confronto de outras fontes e experiências [...] (2000, p. 2, adaptado).[54]

Frente a esse cenário, a investigação científica se faz necessária, uma vez que pode fomentar estratégias que viabilizem aos estudantes selecionar, analisar, utilizar e processar dados sobre assuntos diversificados.

---

53 WILSON, Edward Osborne. In: KRISTOF, Nicholas. Starving for wisdom. **The New York Times**: Opinion. Disponível em: <https://www.nytimes.com/2015/04/16/opinion/nicholas-kristof-starving-for-wisdom.html>. Acesso em: 28 abr. 2020.

54 SILVA, Marta Zorzal e. Pela Filosofia e Sociologia no Ensino Médio. **Gazeta Mercantil**, Vitória, p. 2, 11 dez. 2000.

Por meio desse eixo, os alunos são estimulados a desenvolver habilidades não apenas para analisar e intervir na realidade, mas também para lidar, de maneira reflexiva, crítica e autônoma, com o volume crescente de informações à sua disposição (BRASIL, 2018b).[55]

8.3 Objetivos

A investigação científica procura cultivar nos estudantes elementos basilares do *método científico moderno*, a saber: análise rigorosa dos dados; amplo uso da razão; problematização de premissas infundadas; e observação criteriosa dos fenômenos da Natureza e sociedade. De acordo com Carl Sagan, essa maneira de pensar:

> [...] é imaginativa e disciplinada ao mesmo tempo. Esta é a base de seu êxito. A ciência nos convida a aceitar os fatos, embora não se adaptem a nossas ideias preconcebidas. Aconselha-nos a ter hipóteses alternativas na cabeça e ver qual se adapta melhor aos fatos. Insiste a um delicado equilíbrio entre uma abertura sem barreiras às novas ideias, por muito heréticas que sejam, e o escrutínio cético mais rigoroso [...] (1995, p. 37).[56]

---

[55] BRASIL. Ministério da Educação. Conselho Nacional dos Secretários Estaduais de Educação. Fórum Nacional dos Conselhos Estaduais de Educação. **Guia de implementação do Novo Ensino Médio:** Brasília, agosto de 2018b. Disponível em: <http://novoensinomedio.mec.gov.br/#!/guia>. Acesso em 28 fev. 2020.

[56] SAGAN, Carl. **O mundo assombrado pelos demônios**: a ciência vista como uma vela no escuro. São Paulo: Cia. das Letras, 1995.

É importante esclarecer que esse método não deve servir a um propósito estritamente teórico. Ao contrário de uma formação acadêmica estéril, a investigação científica apresenta um caráter pragmático e engajado. Assim, volta-se ao enfrentamento de questões associadas à vida dos jovens e de outros integrantes de sua comunidade (BRASIL, 2018b).[55]

Mais do que a transmissão de conteúdos teóricos, esse tipo de análise deve promover uma ampla reflexão e demonstrar que os alunos são sujeitos ativos inseridos em uma conjuntura e também detentores de voz e vez, isto é, de um protagonismo frente às mais variadas demandas de sua realidade.

8.4   Foco pedagógico

Por meio desse eixo estruturante, os estudantes são convidados a realizar uma *pesquisa científica*, baseada na integração de áreas e componentes curriculares do Ensino Médio (BRASIL, 2018b).[55] Em linhas gerais, o expediente a ser executado segue as etapas do método científico, gestado ao longo de séculos por estudiosos de diferentes campos do saber.

A princípio, os estudantes devem formular uma hipótese, uma dúvida ou um problema a ser investigado empiricamente. Depois, é necessário realizar a coleta de informações confiáveis sobre o tema pesquisado. Em seguida, os dados devem ser sistematizados para uma análise pormenorizada e dotada de embasamento. Posteriormente, esse material deve ser usado para a comprovação (ou a refutação) da hipótese, da dúvida ou do problema selecionado.

Em uma última etapa, ocorre a apresentação da conclusão da pesquisa. Essa atividade pode abarcar os mais variados expedientes pedagógicos, caso de seminários, artigos científicos, painéis, infográficos, maquetes e intervenções artísticas.

Vale frisar que tal dinâmica também envolve a interpretação e o uso ético das informações coletadas, uma vez que se pretende incutir uma postura científica responsável. Além disso, o conhecimento gerado deve ser empregado para a melhoria da qualidade de vida dos estudantes e de sua comunidade (BRASIL, 2018a).[57]

Essa talvez seja a mais relevante função desse processo de aprendizagem: operar uma valorosa transformação não apenas na consciência dos discentes, mas também em sua atitude.

---

[57] BRASIL. Conselho Nacional de Educação (CNE). Resolução n. 3, de 21 de novembro de 2018. Atualiza as Diretrizes Curriculares Nacionais para o Ensino Médio tendo em vista as alterações introduzidas na Lei nº 9.394/1996 (LDB) pela Lei nº 13.415/2017. **Diário Oficial da República Federativa do Brasil:** Brasília, 22 de novembro de 2018a.

9 Projetos Integradores: ação colaborativa e protagonismo

> *"Se você não consegue explicar algo em termos simples, você não entende do assunto. A melhor maneira de aprender é ensinar."*
>
> **Richard Feynman**[58]

Projetos Integradores podem ser compreendidos como estratégias focadas na aplicação de conhecimentos significativos, na prática de saberes, na capacidade dos alunos escolherem um problema, sob uma abordagem interdisciplinar, e procurarem solucioná-lo convenientemente, de modo factível e aplicável a sua realidade.

Um Projeto Integrador garante a ação colaborativa dos alunos e dos professores de diferentes componentes curriculares, que atuam juntos para formar discentes preparados a enfrentar desafios e situações reais a partir de fundamentos teóricos aplicados em ações práticas, o que os torna, ao longo do processo, familiarizados com a pesquisa e a investigação científica. Isso exige criatividade, vasto repertório de práticas de

---

58 FEYNMAN, Richard. In: GOODSTEIN, David L.; GOODSTEIN, Judith R. **Feynman's lost lecture: the motion of planets around the sun**. Disponível em: <http://calteches.library.caltech.edu/563/2/Goodstein.pdf>. Acesso em: 28 abr. 2020. (Tradução dos autores).

escrita, uso de tecnologias e, sob a perspectiva do empreendedorismo, protagonismo dos estudantes. Assim, é oferecida uma oportunidade de aprofundar e ampliar as aprendizagens relacionadas às Competências Gerais, além de consolidar a formação integral dos estudantes para que se tornem autônomos, capazes de realizarem seus projetos de vida.

Os Itinerários Formativos e os projetos de vida são oportunidades singulares para os estudantes do Ensino Médio aplicarem as competências e habilidades apresentadas na BNCC. Ambas as propostas podem colaborar para a construção coletiva dos chamados Projetos Integradores ao mobilizarem, por meio de atividades diversificadas, a incorporação de valores tais como ética, sustentabilidade, solidariedade, cidadania, democracia e direitos humanos.

Os estudantes podem, ainda, desenvolver habilidades capazes de ampliar sua visão de mundo, capacitando-os a agir e tomar decisões nas mais diversas situações, conectadas à sua realidade local, seja no âmbito escolar, seja no mundo do trabalho ou mesmo na vida.

Os Itinerários Formativos e os projetos de vida inserem-se nos Projetos Integradores pois, por seu intermédio, há possibilidade de, com um olhar humano e solidário, atender ao protagonismo dos alunos e ajudá-los a construir suas distintas histórias e narrativas pessoais. Essa construção fundamenta-se na dimensão do empreendedorismo, sobre a qual o RCPEIF afirma:

> Este eixo tem como ênfase expandir a capacidade dos estudantes de mobilizar conhecimentos de diferentes áreas para empreender projetos pessoais ou produtivos articulados ao seu projeto de vida. [...] os estudantes são estimulados a criar empreendimentos pessoais ou produtivos articulados com seus projetos de vida, que fortaleçam a sua atuação como protagonistas da sua própria trajetória. Para tanto, busca desenvolver autonomia, foco e determinação para que consigam planejar e conquistar objetivos pessoais ou criar empreendimentos voltados à geração de renda via oferta de produtos e serviços, com ou sem uso de tecnologias. O processo pressupõe a identificação de potenciais, desafios, interesses e aspirações pessoais; a análise do contexto externo, inclusive em relação ao mundo do trabalho; a elaboração de um projeto pessoal ou produtivo; a realização de ações-piloto para testagem e aprimoramento do projeto elaborado; o desenvolvimento ou aprimoramento do projeto de vida dos estudantes (BRASIL, 2018, p. 9).[59]

Os Projetos Integradores são baseados em atividades interdisciplinares; por meio delas, os alunos são expostos a práticas inovadoras e a situações reais, conectadas a situações vividas no dia a dia. Eles têm um objetivo claro e definido: promover a aprendizagem dotada de significado.

---

59 BRASIL. **Referenciais Curriculares Para a Elaboração de Itinerários Formativos**. <http://novoensinomedio.mec.gov.br/resources/downloads/pdf/DCEIF.pdf>. Acesso em 26 fev. 2020.

Logo, o ensino e a aprendizagem mobilizam habilidades e competências de um modo mais atraente e participativo quando comparados a uma abordagem tradicional em uma aula comum.

O que diferencia um projeto integrador de outras atividades interdisciplinares é o foco em um problema comum a todas as áreas, que surge de uma indagação, com uma resolução também comum a todos, após os alunos serem ouvidos e identificarem um problema.

Por intermédio dos Projetos Integradores, há a possibilidade de atender às demandas dos alunos e dar respostas às suas mais diversas indagações, de maneira significativa e acessível a todos, fundamentadas em conhecimentos científicos. Ao mesmo tempo, há o intuito em focar no processo de ensino e aprendizagem dos estudantes, oportunizando seu protagonismo e possibilitando, também, criar laços entre pares, ou seja, com os demais estudantes, além de refletir sobre práticas e aplicar valores indispensáveis para a vida contemporânea com um olhar humano e sensível.

Pode-se, então, aplicar um vasto elenco de conhecimentos diferentes em um trabalho coletivo, que favoreça o autoconhecimento dos estudantes, além de desenvolver sua alteridade e solidariedade, condições indispensáveis para construção de seus projetos de vida.

10 Persigam seus Sonhos: exemplos de projetos inspiradores

"O homem é do tamanho do seu sonho."
Fernando Pessoa[60]

Itinerários Formativos, Projetos Integradores e outras iniciativas que tornem os estudantes protagonistas no processo de ensino e aprendizagem podem favorecer a elaboração dos projetos de vida. Preparar os estudantes para o processo de construção de seus projetos de vida é indispensável para educadores e instituições de ensino.

Os processos educativos e as instituições de ensino colaboram decisivamente para inserir grandes contingentes da população de jovens na sociedade contemporânea. A democratização e a garantia do acesso ao conhecimento colaboram de modo essencial para minimizar todos os tipos de exclusão. Jovens que recebem acesso à educação de qualidade podem desenvolver a cooperação, a capacidade de trabalhar em grupo, a solidariedade, a empatia e o compromisso ético e com os direitos humanos.

---

60 PESSOA, Fernando. Disponível em: <http://www.oexplorador.com.br/o-homem-e-do-tamanho-do-seu-sonho-fernando-pessoa-poeta-portugues-1888-1935/>. Acesso em: 28 abr. 2020.

Fomentar essas propostas, além das mais variadas habilidades em prol da autonomia dos estudantes, é um desafio gigantesco, e as instituições de ensino e os educadores são fundamentais para o êxito desse processo. No ambiente escolar há um espaço privilegiado para a interdisciplinaridade e para a interação entre aluno, professor e cotidiano, rompendo as barreiras do isolamento das disciplinas e tornando o conhecimento significativo, além de potencializar diversas linguagens fundamentais para o desenvolvimento de conhecimentos pelo uso de tecnologias da informação. São alguns exemplos disso os clubes de ciências, as práticas de laboratórios e as mais variadas intervenções artísticas, assim como a produção de *blogs*, vídeos, *fanzines*, audiolivros, relatórios de pesquisa etc.

Esses exemplos podem ser apresentados à comunidade escolar como Projetos Integradores, nos quais alunos e professores se engajem em um período que antecede a uma dada festividade ou evento, como o Dia Mundial do Meio Ambiente ou o Dia Nacional da Consciência Negra.

Outras formas e abordagens podem contemplar uma semana de prevenção a acidentes de trânsito ou de combate ao tabagismo, por exemplo, ou iniciativas que mobilizem os estudantes na prevenção à drogadição, também conhecida como dependência de substâncias ilícitas, como maconha e drogas sintéticas. Face ao crescente consumo de álcool entre jovens, a conscientização para os riscos do alcoolismo, assim como suas múltiplas associações a episódios de violência e acidentes de trânsito, é oportuna em qualquer contexto nas escolas e na contemporaneidade. Essas proposições são exemplos de atividades curriculares em torno de uma problemática comum, que podem concretizar-se em um evento de culminância.

Entende-se por evento de culminância qualquer iniciativa de caráter pedagógico criada na escola como um espaço de vivência e convivência, no qual se estabeleça uma situação favorável à promoção de uma ação coletiva em que os alunos apliquem seus conhecimentos voltados para um objetivo comum e específico, com a mediação dos professores e de demais sujeitos da comunidade escolar, social e familiar.

Na culminância, também, os estudantes encontram espaço público e oportunidades para demonstrar, na execução dessas atividades, quais foram as formas e iniciativas que se tornaram decisivas na construção de seus projetos de vida, apresentando também como desenvolveram várias capacidades ao mobilizá-las com o objetivo de propor soluções aplicáveis à sua realidade, além de intervir, de maneira solidária e cidadã, na vida dos estudantes, de suas famílias e da comunidade.

Ao construírem seus projetos no âmbito escolar, os estudantes reforçam seus elos com seus pares. Sua turma, seus colegas de escola, podem acompanhá-los em vários momentos e até mesmo em iniciativas futuras pelos elos criados, tal qual riachos – mesmo pequenos, ao se juntarem, desembocam juntos e se materializam, como em um grande rio.

Por fim, descreveremos a seguir alguns exemplos de projetos que chamaremos de "inspiradores", pois não apresentam o intuito de serem imitados ou reproduzidos. Eles surgiram de iniciativas capazes de atender a diferentes necessidades, sendo capazes de responder a inquietações daqueles grupos que lhes deram origem, não atendendo necessariamente a outras demandas específicas de outras turmas distintas.

Os cinco primeiros projetos apresentam aplicações associadas à BNCC, com guias de habilidades e competências próprias desse documento. Já os outros cinco estão ligados ao mundo do trabalho, das artes e da cultura, sem necessariamente terem aplicação na formação técnica e profissionalizante. Todos têm em comum a finalidade de inspirar a criação de Itinerários Formativos e projetos de vida ligados a diferentes afinidades, levando-se em conta os diferentes campos de atuação acadêmicos e profissionais. São eles:

1) Laboratórios multidisciplinares e Clubes de Ciências

Competências Gerais da BNCC: 1 e 2

Habilidades da BNCC: EM13CNT101 e EM13CNT205

Eixos Estruturantes: Investigação Científica e Empreendedorismo

Descrição: criar laboratórios multidisciplinares e/ou Clubes de Ciências. Alunos e professores podem realizar um evento ao final do semestre, com a participação da comunidade escolar, para demonstrar suas atividades desenvolvidas no período de execução do projeto, tais como Inauguração do Clube de Ciências, Programa Jovens Cientistas, Feira do Conhecimento Científico etc. Há uma ampla gama de materiais para subsidiar a proposta, tal como <https://www.youtube.com/watch?v=N2F1pMVMADs> (Projeto de Extensão Clube de Ciências do Campo - Conhecendo a UFRGS) ou <https://www.youtube.com/watch?v=qZPO3eaLoWk> (Com Ciência - Física Moderna - TV Escola).

Acesso em: 25 fev. 2020.

2) Drogadição e prevenção ao abuso do consumo de álcool e uso de drogas psicoativas

Competências Gerais da BNCC: 9 e 10

Habilidades da BNCC: EM13LP43 e EM13LP44

Eixos Estruturantes: Investigação Científica, Mediação e Intervenção Sociocultural

Descrição: identificar quando há uso abusivo de álcool e drogas psicoativas (fenômeno de drogadição), analisar seus danos biopsicossociais nos usuários e adictos (dependentes do uso contínuo) e compreender os seus efeitos no sistema nervoso humano.

Por meio das discussões e dos materiais criados pelos alunos com mediação dos professores, elaborar uma cartilha com orientações e dicas para prevenção e saúde. Ao final dessa etapa, pode-se programar um dia ou uma semana da prevenção ao abuso do consumo de álcool e ao uso de drogas psicoativas, no qual vídeos, cartazes criados pelos alunos e a cartilha são apresentados aos demais alunos e amigos da comunidade escolar.

Fontes:

Álcool - os efeitos da droga no organismo
<https://www.youtube.com/watch?v=EJSWUL7Njmg>

Crack - Os efeitos da droga no organismo
<https://www.youtube.com/watch?v=OutwugmiPjY>

Maconha - Os efeitos da droga no organismo
<https://www.youtube.com/watch?v=nmcsyZU19tU>

Acesso em: 20 fev. 2020.

3) Migrações e histórias das origens das famílias

Competências Gerais da BNCC: 7 e 8

Habilidades da BNCC: EM13CHS105 e EM13CHS106

Eixos Estruturantes: Processos Criativos, Mediação e Intervenção Sociocultural

Descrição: identificar tipos de migração no país, argumentar sobre a importância da tolerância e compreender que a diversidade da população humana é uma riqueza inestimável, combatendo preconceitos e xenofobia (antipatia a coisas e/ou pessoas estrangeiras). Os alunos são convidados a investigar as origens de suas famílias e de outros membros da comunidade. Ao final, pode-se criar um dia ou uma semana de memória das famílias. Por meio de fotografias, cartazes ou vídeos desenvolvidos pelos alunos, é apresentada à comunidade escolar a história dessas pessoas e sua contextualização, tanto no âmbito local (cidade) e regional (estado) como nacional (país).

Fontes:

Quem não é migrante? - Migração e educação em São Paulo <https://youtu.be/TgfOI1dpwo0>

Migrações internas no Brasil - Pesquisa <http://portaldoprofessor.mec.gov.br/fichaTecnicaAula.html?aula=42313>

Plano de aula: projeto história do meu bairro, história de mim <https://www.institutonetclaroembratel.org.br/educacao/para-ensinar/planos-de-aula/projeto-historia-do-meu-bairro-historia-de-mim/>

Acesso em: 20 fev. 2020.

4) Oficinas de línguas e linguagens

Competências Gerais da BNCC: 5 e 6

Habilidades da BNCC: EM13LP45 e EM13LP46

Eixos Estruturantes: Processos Criativos, Mediação e Intervenção Sociocultural

Descrição: oficinas são espaços de construção coletiva de saberes. Isso pode ocorrer por meio de técnicas e tecnologias capazes de articular teoria e prática para produzir objetos, equipamentos, textos, quadrinhos, audiovisuais, fanzine, produção artística etc.

Fontes:

Hora do Enem | Gêneros Textuais, Metáfora e Poesia - Ep. 13 <https://www.youtube.com/watch?v=DlTylhaM8uY>

Interpretação de Texto com Glícia Kelline | Língua Portuguesa no Hora do Enem - Ep. 508 <https://www.youtube.com/watch?v=bwGH7yYuOCY>

Acesso em: 21 fev. 2020.

5) Uso de objetos mediadores para o ensino de Matemática

Competência Geral da BNCC: 1

Habilidades da BNCC: EM13MAT309 e EM13MAT504

Eixos Estruturantes: Investigação Científica, Processos Criativos e Empreendedorismo

Descrição: com uso de materiais recicláveis, professores e alunos podem explorar sólidos geométricos em aulas de Geometria Espacial.

Fonte:

Laboratório Sustentável de Matemática <https://www.laboratoriosustentaveldematematica.com/p/sobre-o-lsm.html>

Acesso em: 21 fev. 2020.

6) Programa Aprendiz Legal

Oferecido pelo governo federal, incentiva empresas e empregadores a criarem programas de aprendizagem profissional para jovens entre 14 e 24 anos, conforme dispõe a Lei 10.097/00. É um programa voltado à preparação e à inserção de jovens no mundo do trabalho. Para mais informações, acesse: http://www.aprendizlegal.org.br (Aprendiz Legal). Veja também: https://www.youtube.com/watch?v=Yo-nJ8GPBDA (O jovem aprendiz no campo e uma nova forma de capacitação para o mercado rural).

Acesso em: 21 fev. 2020.

7) Projeto Futuro Médico

É uma iniciativa de uma escola básica e um centro universitário de uma cidade do estado de São Paulo. Por meio de palestras, aulas práticas em laboratórios e visitas a ambulatórios e escolas de Medicina, o programa procura identificar alunos que desejam seguir carreira na área da Saúde, estimulando-os a conhecer as práticas que farão parte de suas carreiras profissionais e também capacitando-os para avaliar sua futura atuação no mercado. O projeto tem o intuito de aproximar os jovens da realidade profissional do universo da Saúde, fazendo-os avaliar, inclusive, quais desafios e dificuldades podem enfrentar, entre outros aspectos.

Fonte:

Alunos participam do primeiro encontro
do Programa Futuro Médico <https://
liceuasabin.br/medio/noticias/detalhar_noticia.
php?codigoNoticia=360&siteOrigem=medio>.

Acesso em: 22 fev. 2020.

8) Projeto de vida e trabalho "Futuro Chef": Gastronomia

Professores e profissionais de Gastronomia podem unir-se aos alunos para elaborar receitas na escola ou em casa. Assim, os estudantes podem ampliar seu repertório, reconhecer alimentos nutritivos e ser adeptos de uma alimentação saudável saborosa e nutritiva.

Fonte:

Cozinhas viram salas de aula em colégios da capital
paulista <https://educacao.estadao.com.br/noticias/
geral,cozinhas-viram-salas-de-aula-em-colegios-da-
capital-paulista-imp-,1668534>.

Acesso em: 22 fev. 2020.

9) Projeto Olimpíadas Escolares

São iniciativas promovidas por várias entidades científicas e educacionais, responsáveis por mobilizar milhões de estudantes no Brasil para se dedicarem a disciplinas de várias áreas do conhecimento. O objetivo comum a todas elas é estimular o estudo e o aprofundamento em diversas áreas, como Biologia, Química, Física, Astronomia e Matemática. Além disso, identificam talentos e selecionam alunos de alto desempenho para participar de competições nacionais e até em outros países, como as Olimpíadas Internacionais. De modo especial, a Olimpíada Brasileira de Matemática das Escolas Públicas (OBMEP), dirigida às escolas públicas e privadas, merece destaque por sua relevância e abrangência. Desde 2005 mobiliza estudantes em todo o Brasil a se dedicarem ao estudo da Matemática, além de contribuir decisivamente para a melhoria da qualidade da educação, por possibilitar aos participantes acesso a material didático de qualidade, e promover o aperfeiçoamento dos professores, contribuindo para a sua valorização profissional. Em 2019, a OBMEP reuniu mais de 18 milhões de estudantes do 6º ano do Ensino Fundamental até o último ano do Ensino Médio.

As Olimpíadas Escolares, ao identificar jovens talentos, promovem um incentivo aos estudantes para se dedicarem a seus estudos, além de propiciarem a inclusão social, pois muitos medalhistas pertencem a segmentos sociais cujas famílias são de baixa renda. Há universidades como a Universidade Estadual de Campinas (UNICAMP), em São Paulo, por exemplo, que dispensam alunos de realizar seus vestibulares se eles se destacaram e obtiveram medalhas nessas Olimpíadas, garantindo-lhes automaticamente vagas em cursos muito cobiçados, como Engenharia e Medicina.

Há vários programas desenvolvidos pela OBMEP, tais como o Programa de Iniciação Científica JR. (PIC), que oferece bolsas de estudos remuneradas a jovens de famílias de baixa renda; e o Portal do Saber, que oferece gratuitamente inúmeros materiais de apoio para alunos e professores, como complementos dos conhecimentos em matemática, na forma de videoaulas, exercícios resolvidos, caderno de exercícios e material teórico. Há ainda um imenso Banco de Questões com seleção de problemas, questões e atividades similares aos problemas das provas contidos em provas anteriores, além de vídeos com a resolução de provas mais recentes.

Escolas e professores interessados podem associar-se ao programa ou obter outras informações em: <http://www.obmep.org.br/na-escola.htm>.

OBMEP Oficial <https://www.youtube.com/user/OBMEPOficial>

Acesso em: 22 fev. 2020.

10) Projeto Guri

O Projeto Guri é o maior programa sociocultural do Brasil, atendendo gratuitamente crianças e adolescentes de 6 a 18 anos, organizado e financiado pela Secretaria de Cultura e Economia Criativa do Governo do Estado de São Paulo. Ele surgiu em 1996, e desde então atendeu mais de 770 mil guris.

Segundo seus organizadores, o objetivo desse projeto é promover a educação musical e a prática coletiva da música, tendo em vista o desenvolvimento humano com excelência de gerações em formação. Apesar de ser uma política pública de acesso universal, tem meta de atendimento de 70% de alunos em situação de vulnerabilidade social e econômica. Para mais informações, acesse: <http://www.projetoguri.org.br/>. Veja mais em: Projeto Guri - Filme Institucional <https://www.youtube.com/watch?v=uwUwb7UZWYk>.

Acesso em: 29 mar. 2020.

Leituras Recomendadas

BRASIL. **Base Nacional Curricular Comum (BNCC)**. Disponível em: <http://basenacionalcomum.mec.gov.br/>. Acesso em: 26 fev. 2020.

Em foco. A Revista do Ensino Médio da Editora do Brasil. ANO1, 2017 EDIÇÃO Disponível em: <http://www.editoradobrasil.com.br/*site*/revista/revista-em-foco.pdf>. Acesso em: 12 fev. 2020.

KLEIN, Ana Maria. **Projetos de vida e Escola: A percepção de estudantes do ensino médio sobre a contribuição das experiências escolares aos seus projetos de vida**. Disponível em: <http://www.teses.usp.br/teses/disponiveis/48/48134/tde-10082011-141814/pt-br.php>. Acesso em: 28 fev. 2020.

MORAN, José Manuel. **Aprendendo a desenvolver e orientar projetos de vida**. Disponível em: <www2.eca.usp.br/moran/wp-content/uploads/2013/12/projetos vida.pdf>. Acesso em: 28 fev. 2020.

SILVA, Monica Ribeiro da. **Currículo e competências: a formação administrada**. São Paulo: Cortez, 2008.

Conheça outros títulos da série

Adquira pelo site:
www.editoradobrasil.com.br

Conheça outros títulos da série

Adquira pelo site:
www.editoradobrasil.com.br

Central de Atendimento
E-mail: atendimento@editoradobrasil.com.br
Telefone: 0300 770 1055

Redes Sociais
facebook.com/editoradobrasil
youtube.com/editoradobrasil
instagram.com/editoradobrasil_oficial
twitter.com/editoradobrasil

Acompanhe também o Podcast Arco43!

Acesse em:

www.editoradobrasil.podbean.com

ou buscando por Arco43 no seu agregador ou player de áudio

Spotify　Google Podcasts　Apple Podcasts

www.editoradobrasil.com.br